密教から学ぶ

三つ子の魂を解き明かす

人生の行路

日本密教文化社

はじめに

「子どもは神様からの授かりもの」と言われます。何億分の一の確率で精子と卵子が結びついて受胎し、その後十月十日《とつきとうか》（太陰暦。太陽暦では四十週）を母親の胎内で過ごし、ようやくこの世に誕生します。無事出産に至ることは、奇跡的な事です。陣痛の苦しみの果てに生まれ出たわが子を初めて抱いたときの感動は、母親だけに与えられた何にも代えがたい喜びです。

そして、子どもは日々成長して行きます。子どもがより良く育つには、母親との関わりがいかに大切であるか、それは言い換えますと、親が子どもをより良く育てることがいかに難しいかです。子育てで悩んだことの無い親はいないのではないでしょうか。

昨今、親の乳幼児虐待事件がニュースで報じられることは、誠に心が痛みます。いろいろ原因はあるとは思いますが、自分のおなかを痛めて産んだわが子を傷つけ、更に死亡させるということは人間としてあってはならないことです。

この『人生の行路』は、「大元密教教主 小島大玄」師が説かれたものをまとめたものです。ここには、難しい子育てをどのようにしたら良いかという指針が今までにない観点から説かれております。また、子育てのみならず、人間の生き方、生きる目的、更には神と人との繋がり、等々についても書かれており、生きる意味を見失いそうな時に読まれても、目からうろこの感を持たれることと思います。

信仰を持つ人も持たない人も関係なく、人間が生きることの真理を説いたものとして、熟読されることにより何らかの手がかりを得られることと確信致します。

尚、この『人生の行路』は（未完）で終わっておりますが、敢て刊行致しました。なぜなら、子どもの誕生から六歳位までは、人生の基礎を作る最も大事な時期として、子育ての心構えが書かれているからです。同様な方向性の参考書には、武士の育児法を記した『葉隠《はがくれ》』や、近年の医学的動向を記した『精神保健への招待』があります。本書が、多くの方に子育ての必携書として活用して頂きたいと切に願ってやみません。

年頭の詞

新年お目出度うございます。

過ぎし年を振り返って見れば、楽しかったこと、苦しかったこと、いろいろあった事と思います。済んだことはサッパリ忘れ去って、新しい年を、希望多い年に致しましょう。

心から、皆さんのお幸せを祈ります。

一年たてば、歳は一つ殖えて行くのです。

昔から

門松や冥土路《めいどじ》への一里塚
目出たくもあり目出たくもなし

とか申して、どちらが本当か、ハッキリしないことを言っております。行先が冥土だと思うから迷うのです。冥土であろうと、浄土であろうと、行かねばならない旅路なれば、私は、やはり、目出たいと思っておりたい。門松立てず、注連縄《しめなわ》飾らずとも、来る春に変り無く、正月はいつも明るいからです。

暮地獄　明けて極楽　阿弥陀さま
　西も東も　光り輝く

この光り輝く気持ちをいつまでも持ち続けられるでしょうか。三日たてば、もとの木阿弥で又々地獄行を繰り拡げるのが人間社会です。冥土をきらい、浄土を夢みながら、おこないは逆な方向へ走るのです。これでは救われる訳がありません。苦しみも、楽しみも、その大半は人間が造るのです。もとより地獄、極楽がある筈のものでなく、人間一生の迷いから造り出す現象であります。

ハッキリ申せば、あなた方が生きている事は、死ぬために生きるので、生きるために生きる方は何人とありません。たゞ死に行く旅を続けるに過ぎません。暮が過ぎて正月が来るたびに命の芯は燃え減って行くのです。この動きをどうお考えになりますか、どうすることもできません。急いで見ても、ゆっくりして見ても行かねばならぬ旅路です。毎日死に路の何丁目かに辿り着いては、又次の宿場に足を向ける哀れな旅人の姿に過ぎないのです。疲れ果て、路銀乏しく、力尽きたにしても、この旅は続けなければなりません。これは既に約束された事で、いやと言っても、どうにもなりません。たゞ黙々と楽しく旅を続けることであります。この苦難な旅路を耐え忍んで行く処に道が開かれ、この道こそ、生きるための道であり、人間本来の道であります。たゞ生きるだけなら至難ではありませんが、真の生きる道は、苦修錬行がともなうものであります。人生は苦楽相半《あいなかば》するもので、苦苦ならず、楽楽ならず、苦の中に楽あり、楽の中に苦あるを知らねばなりません。おおむね、病苦、貧苦に耐えられず、人間本来の道を自ら閉ざしてしまい勝ちになるのです。貧しければ貧しいなり、苦しければ、苦しいなりに人間の道を正しく歩んで御覧なさい。必ず光明を見るようになるのです。貧しきを苦にし、乏しきを苦にし、賤しきを苦にして、己を、己の劣等感で縛って見なさい、決して救われません。又、病苦、心苦のあまり、己を、己の厭世感でもって、投げ出して見なさい。是亦、果して救われるでしょうか。このようなことでは、貧苦、病苦のいずれからも開放される事は出来ません。

ここに、生きる意義を知らねばなりません。たゞ、喰べて、寝て起きて、働くことが生きることではありません。真に生きることは、先づ自分を知ることであります。自分を知ることは難しいことですが、他によって、己を知ることは、それ程難しいことではありません。恰も、鏡に影して己の姿を知る如く、他の教えによって己を知る事であります。己を知ることによって、己のなすべき事を知り、己のなすべき事を知る事によって、安心が生れ、ここに、はじめて「病んで患はず、貧して豊なり」の境地に到り、これで、病苦もなければ、貧苦もなく、たゞ健全な感情だけがあるのです。人間本来の道は、このように楽しい道であって、この道を、たゞ、黙々と、楽しく歩み続けることによって神の御許に行き着くのであります。そして、この神の御許に到って、はじめて歓喜、悦楽の甘味を味わうことが出来るのでありまして、この道が、あなた方の旅路です。決して、途中で投げてはいけません。神は実在するのです。あなた方の、その肉体を守り、導きしているあなた方の、別なあなたである霊体の存在するその周りの、高い世界に確かに存在するのです。疑ってはいけません。否定してはなりません。それはあなた方自身を疑うことであり、否定することです。あなた方は肉体的に、あなた方の親や祖先を疑わないように、あなた方の霊体の存在を疑わないことです。あなた方が喰べて、寝て起きて、働いて、喜び、怒り、楽しみ、苦しみ、愛し、悶える、このすべてが別なあなたの働きであることに気付かねばなりません。この別な、あなたなる存在これが霊体で、あなた方の肉体と、この霊体が一体になって活動しているのです。この活動する事が、生きる事で、よりよく生きるため、よりよく活動することによって、あなた方が、心身共に明るい日々が送れるようになるのです。この結果あなた方は、健全な感情の現われによって品位品格が整い、他から尊敬されるようになり、自ら人格の完成を見るようになるのです。このようにして、あなた方の霊体は浄化され、一周り高い世界に上昇するのでありまして、この世界が神の世界であります。あなた方が、己の欲望と煩悩によって、あなた方の肉体を傷付けることなく、また、あなた方の霊体を汚すことなく、清浄であったとすれば、あなた方は、その儘の相《すがた》で神の世界に導かれることが出来るのです。故に神の道であって、人間本来の道でもあるのです。

この道は、神を知り、神の教えを受けることによって得られる法悦の道でもあるのです。私は、皆さんに、この道を教える事によって、神の存在を知らしめ、人間本来の道を知って貰うことによって、心を労し患うことを少なくし、暮も、正月も無く、たゞ楽しく歩むべき旅路のある事を知らしめ安楽の境地に導びかんとするものであります。

　一番尊い事は、体得する事で、体得したものは、皆さんのものでありまして、皆さん自身の救いに役立つと同時に、他の方の救いに役立つものであらねばなりません。この意味において、私は、私の教えが、信仰に値いし、なお且つあまりある事を、ここに堅く宣言致します。

密教から学ぶ
三つ子の魂を解き明かす

人生の行路

もくじ

人の道、神の道 一

母親の喜怒哀楽は直接胎児に響く

人々生を喜び死を悲しむ。然れども、生は既に死を約束しておるも、死は生を約束するとは限らず。輪廻転生《りんねてんしょう》の法則も、個々において差別あるも、個において差別無く、是現世に於ける如く来世に於いて亦然り。生の芽を摘むは易く、死の根を断つは難し、で差別あるが如く、又差別無きが如くして、生と死はいつも附いてまわりながら、その軌道を異にす。而して生は人の道、死は神の道へと世界を二分しおる如く見受けるが、生と死が不可分的因果関係に在る如く、人と神も亦必然的因果関係を有す。即ち体《たい》と用《ゆう》これにして人、生を得て体を備え、体、霊によって支配さる、これ用なり。体もとより自性無く、用よく体を動かして性を示す。これ霊の働きにして生の元なり。故に生尽きたるとき体滅すと雖も、霊滅すること無く、霊、体より遊離して人の死を告ぐ。かくして人の一生は終わる。永い一生と雖も瞬時秒間に過ぎず、全くはかなき一時である。

この一時なる道これ生なる道にして、この道こそ苦の道であって四苦、八苦は一生附いてまわる。故に生の喜びも真の喜びでは無い。

生と死の距離を一生といい、この時間を命という。この命に長短あり、長を尊び、短を忌み嫌うと雖も「苦多き長命、豈、苦少なき短命に勝るべきや」でたゞ生きさえすればよいというもので無く、生の意義と価値を知ることにある。

そこで人の道を知り、神の道を知ることが必要になって来る。しかし、人の道を知り、神の道を知ることは仲々容易ではないので、いま暫らく神の道はさて置いて、人の道を説くとしよう。

人の道と言っても終局的には神の道に通ずる道であって、神の道に至るために人の道を歩んで居るに過ぎないのである。

神の道のはじまりが人の道であれば、人の道の起点は生であって、生をもってすべてのはじまりとせねばならない。未生時の生も亦生であるので輪廻論は別として「生」を以て出発の起点とする。

古くからのことばを用いるとせば、生は母胎で十月十日《とつきとうか》を暮して、いよいよ世の中に出生するという。十月十日《とつきとうか》が間違って八月十日《やつきとうか》であったにしても母体の体内に宿る時間は決して短い時間では無く、大概くたびれる程永い時間である。これを人間のはからいで考えた場合全く不可能なことであって、いま仮りに百匁の物を手に持っておれと言われたとしよう。そう長く持って居れるものでない。それを十月十日《とつきとうか》とよく辛抱したものだと言える。これは子を持った母親でなければ判らないことで、楽しみより、苦しみの方が勝って居たことでしょう。

このように十月十日《とつきとうか》も胎内で人間世界に出現すべく永い時間その準備を重ねて居る間、母なる親御の喜怒哀楽は直ちに胎内の生命体に影響して、健全な感情は健全な感情として善果を積み、不健全な感情は不健全な感情として悪果をかもして、この時から既に或る程度の人間的土台を作り上げるのである。これを胎教といい、或は優生的に或は劣生的に、生れ出た人間、これが生のはじまりで、生れ落ちて間もなくオギャーと泣き出す産声こそ生の名乗りであり、同時に人間界の現実苦に対する嘆きの叫びである。そして十月十日の胎内なる境地での経験によって静かに構想を練りながら或は泣き、或は笑い、或は怒り、或は楽しむことあたかも無心の如くにして無心で無く「用より体を動かす」こと、こゝに於いても変り無い。このようにして神の加護と親の愛によって力強く育ち、心強く智慧づいて、智と力がともなって時には親を喜ばし、時には己を楽しんで人間界の一員となるべく習性的に成長して、或は優境的に或は劣境的に環境によって変化するのである。優生にして優境に育つも、劣生にして劣境に育つも苦は苦として重なること是亦変り無い。このようにして人間は生れながらにして苦を背負って定められた行路を歩んで行くように形づけられているのである。

このような約束の許に母胎を離れた赤児は是亦十月十日して母御の乳房を離れる頃からぼつぼつ動物的本能の芽が出はじめるのである。これを名付けて慾という。この慾の動きが氏と育ちによって異なるとしても善にも悪にもなりして一生の土台を作り出すのである。三つ児の魂百までというのもこゝからはじまる。胎教が胎児の基礎を築くように、幼児の環境が人生の進路を作るのである。この進路が環境によって決定づけられるがこの進路に幸いし或は禍いするのが慾であって、この慾の芽をどのように植え付け、植え替えるかによって人生の苦の種子が除かれるか、又は、苦の実が取り除かれるかが定まるのである。

そこで先天的なあるものが現世に繰越され或は後天的なあるものが現実に支配されて進路を狂わす事がある。これを乱れという。この乱れが迷いであり、魔であって使命を果す上に大いに邪魔するのである。

先天的善因が後天的善果を生む場合より、先天的悪因が後天的悪果を現ずる場合の方が多く、これが人生の殆んど大部分で、この業《ごう》によって生ずる苦、これが人生苦のもとであって、この苦源を幼時にして摘み取るべく考えねばならない。これは恐らく万人が無条件に希望することではあるが、その方法となると全く壁にぶつかってしまうのである。これが迷いであり、又迷いのはじまりであると同時に全部でもある。

この迷いを幼時にして摘み取ることです。生を受けてこの世に生れ来た一個の生命体である幼な児が母体の胎内に宿って出生までの期間、その未生時以来の先天的な苦因を持ち越してこの世に産れ現われたとして、これを優境《ゆうきょう》に於いて優生《ゆうせい》的に導びき育てることによって苦因の芽生えようとする「悪なる慾」の活動を封ずることは或る程度の範囲において可能である。

この優境とか、優生的というのは人為的なことで、人間の誠と愛によって或る程度の成功を見ることが出来る。これはどこまでも或る程度であり、苦因を封ずる程度であって、苦因を取り除いてしまうことではない。ここにおいて人為的所作が如何に頼り無いかが判るのである。つまり頼り無い程度の結果以上の果の出せないところに苦因はどこまでも続いて断ち切れない現実苦が残る。然し人間はこの苦に打ち勝とうとして、倒れては起き上り、立ち直っては又倒れしながら人の道なる道を歩み続けて終局は神の道によって苦因を断ち切ろうとするのであって、これが信心であり、信仰であり、宗教的行動として或は自力によって、或は他力によって、或は人の道と神の道の和によって又は、神の道の摂理によって苦から逃れようとしているのが人間界の現実相である。しかし、これは生を受けたばかりの幼児には出来ることでない。如何に過去世の経験が多くとも、無心に遠大な構想を練って見たとしても、拳固をしゃぶって居る段階では無理である。良い指導者を必要とするのもこの所以であり、この良き指導者は優境、優生に劣るもので無く、或る意味においてはそれ以上とするのである。

この良き指導者こそ、宗教的情操であり神の道への案内役であるので、この指導者を求め得ることによって解決の一歩を踏み出すのである。

人の道、神の道　二

食と眠が赤ちゃんの性格をつくる

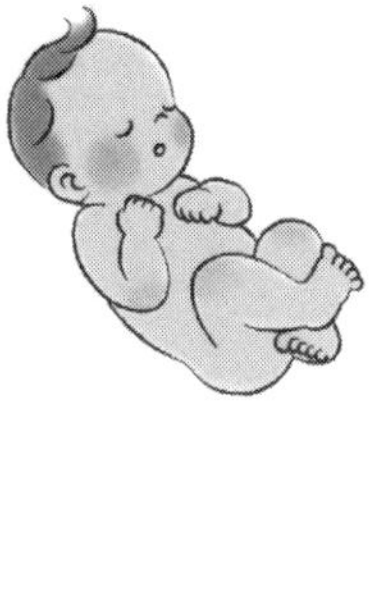

人の世に、生を受く、有難きことこれに及ぶもの無し。世に生を受けて現わるるもの、その数知れず、この数知れぬ中に人として世に出現す。これ如何に意義深きことか。感謝に値いする処大なり。然し、この有難き生に対し感謝する者稀にして、多くの者、己を知らず、親を忘れ、神を弁《わきま》えずして一生さまよい終る。哀れなるかな、生れては死に、死しては生れ、斯くして幾十百千万度か、繰り返えし繰り返えされ、新しい生命が芽生えて人間の一生がはじまる。

母躰に蒔かれた種子はやがて芽生えて花となり、その結実を世に送る。母躰を離れた結実を赤児といい、この赤児は、胎内期とほぼ同じ期間、食、眠、考の三つの本能によって結実の仕上げを計る。この三つのうち食、眠の一つでも欠くるか、考なる本能が強く働き出す。これを慾といい、この慾の満たされることによって満足する。即ち本能の現われが慾であるとせば、慾は人間の本能でもある。この慾は人間一生に付いて廻る本能の大部分であって、人間の基本的性格も慾によって造り出される。そこで世に出現した一個の人間像、赤児の生態を見よ。赤児は腹が減れば、これを訴える。眠くなればむづかる。この場合、母親はすぐ乳房をあてがう、抱き上げてあやすかする。なる程これは当り前のことで何んの疑いも無い。しかしこの間《ま》が問題である。お腹が減れば乳もやらねばならないだろうし、寝せてやりもせねばならないが、与える時期が早過ぎて悪く、又遅過ぎてもよくない。勿論寝せる場合もその扱い方をよく考えるべきである。空腹を満してやる時の、時間のづれや、睡眠を摂らす方法等によって赤児の性格は良いようにも、悪いようにも出来上がるものである。しかし、これはあまりにも永年の習慣になって居ることから一般的に気付かないで、ただ習慣的に行って居るに過ぎない。よくよく心すべきことである。

赤児が空腹を訴える、すぐ乳房を与える。赤児がむづかる、すぐ抱いてあやしてやる。そして、この幼い生命に未知なことを知慧づけ、習性づけて、本能である慾に不純なものを植え付けることは慎むべきである。この食と眠こそ第二の天性を造り出す基であるので、これに悪条件を加えて習性化してはならない。これが人生の禍となり天性の妨げとなるので、赤児の時から感謝の念を植え込むべく努力し、且つそのように仕向けねばならない。習性こそ第二の天性なれば、環境による伸縮自在性を持たすべきである。親の生活環境によってその優劣の生ずることは止むを得ぬとしても天性なる蔓に脇芽を殖すが如き習性を植え付けてはならない。

母躰胎生の十月十日を胎教期とせば、出生揺籃《ようらん》期の十月十日を生教期とも称すべきか、この揺籃期の十月十日の間に考える本能に自然と不自然が織り交って第二の天性が出来上る。殊に自主性の乏しい、依存心の強い性格はこの生教期における親の無自覚から間違った愛が悪い結果を作り出すのである。この生教期とも称すべき生後の揺籃期が基本的に大事である。「空腹を訴えても間をおいて与え、むづかってもすぐ抱き上げることをせず、注意を怠ることさえなければ泣けば泣かして置くべきである。盲目的な愛こそ赤児のためには毒であることを知るべきで、赤児に悪い習慣づけることを控え、知慧づけることを慎み、自然の儘考えさせるように努めながら真の暖か味を持って接し、感謝の念を植えて行くようにして見よ」感謝の中に育ち、感謝の中に生きる喜びを覚え、親に感謝し、神を敬う児が出来上がること疑いない。

かようにして、揺籃期が過ぎ千日の日時を経て、胎教や生教による習性が天性と通じ合って一個の生命体なる人間の生長と、活動に必要な条件を整えて行くとき、環境の優劣が如何に大きくこの条件を左右することか。また、先天的約束ごとが、後天的に変化して善悪両面の果を現わすこともあって、一個の生命体の生長なり、活動なりには兎角苦因が付いて廻る場合が多い。いまこれを因縁的に見ると、過去因である苦源が無明からはじまって、惑から業が生じ、この「まよい」と「ごう」によって先天的に約束されて、母躰に蒔かれた種子は花を咲かすも、結果は苦の果をみのらして現在果としてこの世に現はす。この現在果が更に、現在因となって、未来果を造り出すことによって苦は繰り返されて尽きること無く、人生はいつまでも苦の連続ということになる。

そこで、この苦から逃れる方法の一つとして優境的立場が挙げられ、これがまた必要条件の一つとして数えられるが、これも正道の一つに過ぎない。

いま、これを過去因について逆説して見ると、どのようになるか。

即ち過去因に苦は無く、楽源があったとして、無明に代る有明から悟りを得て一切の罪障を祓い清め、業につながる苦源を断ち切って終った、とする。この場合過去因による現在果は善果だけであるかというとそうでは無い。後天的に変化することがあるので、善因必ずしも善果を生じ現在果を招くとは限らない。まして善因善果を生み出す人生楽の連続などあり得る道理のもので無く、苦の一部を変えて楽の全部だとする位の程度であって、苦と楽はこのように相違するのである。依って苦源を断って楽源にすることは可能としない。

そこで一個の生命体なる人間像の活動期も亦因と縁によって変化して行くのである。揺籃期の食、眠、考の三慾から、単純ではあるが感覚を現わす段階に入ることを、六根の活動期と称し、六根と触れあう現象の連鎖関連によって活動の条件も変って来る。即ち単純なる感覚から複雑なる感覚にと変化し、小さいながらも感覚による驚異と好奇によって、天性はいよいよ覚めて、天性は習性を生かし、習性は天性を助けて、一個の人間像を築き上げて行くのであるが、ここで善悪両面の因果を示し、現在因と未来果、現在果と未来因の輪廻を苦海に拡げて、六根接触の現象が善因であれ、悪因であれ、無明より続いている惑と業の過去因は、個体を統一する身心から全部を清め去った訳で無いから、純心な活動ではあるが、人間像の天性に魅いっている苦の種子は芽を出し蔓をのばしはじめるのである。この六根の働きが或る現象に触れ出す時期これが大切な時期で一個の人間像の動きに絶えず注意を払い、五識の働きを援けるに好適な環境を造り出すことが肝要であって、この年代を大体揺籃期の満一年からまる三つまでの幼児期とする。

この幼児の頃を、俗に三つ児の魂百までといい、いわゆる人間像の魂入れの時季とも称すべき時季で、善悪の識根が根を下ろし出す時季であるので、眼に尊像を拝ませ、耳に聖なる音楽を聴かし、鼻に香華のかおりを嗅がせ、舌に淡い物を味あわし、手に如意宝珠を持たして見よ（如意宝珠とあるは仏教でいう意味とは違って、子供の喜ぶ物で子供の指導上有益な物を意味する）。

このようにして育て導いても天性と習性が一致せず、六識は、この優境を解し得ない場合が多い。これは過去因による現在果を招いた業のため、個体を統一する意識と個体の身心即ち識《しき》と名色《めいしき》の依存関係が不完全で、分裂的先天性が後天的良い環境と融和し得ないで片輪的人間像が出来る。これを称して、氏が悪いとか、精薄児というが、これは過去因の無明《むみょう》が禍いして、身、口、意の三行が過去の業を現在果として招いて、識、身に及ぼした因果応報なれば、神を敬い、己を正しくして、六根を清浄にして、神の影を心に宿すよう努めるべきである。ここに信仰の必要が生ずる。

人の道、神の道　三

情操こまやかな性格と清らかな人柄の基礎づくり

身体髪膚是父母より受く傷付けざるを以て孝の始まりとす。是情なり。人体生命是大神より受く傷付けざるを以て忠の始まりとす。是真なり。忠、孝にしろ、真、情にしろ、親のためでもなければ、神のためでもなく、すべて自身のためである、この自身のためを知る人は稀である。

神秘の摂理と自然の法則によって生まれて来たのではあるが、これは父母あっての己であり、父母の育成によって人間界の一員となったのであるから、親の恩愛たるや他に比べようのないほど高くまた深いのである。まして十月十日の永い時間を母体に宿り、この母体によって身体を形造られたのであるから、親の分身であることは否定出来ない事実である。しかるに時間が経ち長じて行くに従い、子は親を忘れ、親は子を忘れ厳粛なる事実すら否定し、剰《あまつさえ》親子相争うことも生じて来る。

これは「親親たらずとも、子子たるべく、子子たらずとも、親親たるべし」の分を忘れたことで、これは多くの場合親の責任で、胎教期と生教期における教化の誤ちから生じた副産物である。

どこの世界に親が我が子の将来を悪かれと思う人があり得ようか、ただ無智が造り出す結果に過ぎないのである。これを世間では一口に因縁という。その通り因縁であることに間違いはない。然し、胎教もさることながら「三つ子の魂百まで」という零才から三才までの期間の重要な意味を知らないで人間形成を誤ったためである。

赤子が憤《むづか》ると親は、すぐ操《あや》す、病気になると寝ずに看病する。そして「這えば立て、立てば歩めの親心」で親は実に子のことになると真剣になる。病気の予防や事故の防止には、神経質過ぎるくらい気を配る人が、人間の基礎造りとなると殆んど無智に近いと言ってよいくらい無関心である。幼児時代に行われる人間造りが如何に大切なことであるか、世の親ごさんは勿論、広く国家施設的見地からも真剣に研究すべきことである。

幼児期の注意と世話は怠らないが離乳期がすぎると世話を怠る、智的教育の土台になる保育にまで手を伸ばす人は少ない。

さて、生まれたばかりの新生児は肉体的に一応白紙に近い。わずかに感情の中枢になる脳髄の中心部に発育が認められる程度ではなかろうか。ところが大脳内部の構築作業は昼夜兼行で進められ人間本能の発達が急がれまづ、味覚や臭覚の領域の発達が盛んになって大体生後五、六ヶ月くらいで、大人に近い処まで達し、肉体的構造も満三才までに構築が終り、肉体の内側を走る血管も神経も極度に発達し大人と変わらないようになる。

ここで、注意すべきことは、外部からの刺激によって脳髄の発育する点であり、またこのようにして出来上がった脳髄の内部構造は、容易に変化されない点である。

この第一の外部からの刺激を考えて見よう。新生児の味覚と臭覚が大体五、六ヶ月で完成するとして、この生後半歳頃が大切な時期である。味覚はお乳の味によって舌の機能、臭覚は母の体臭によって鼻の機能、さらには大脳のもっとも重要な感情の中枢が出来上がる。この時栄養に富んだおいしい立派な母乳をあてがい、清潔で悪臭のしない母体と綺麗な空気の中で育った子は情操こまやかな人格と清らかな人柄の基礎をつくると同様環境のよい円満な家庭で育った子は「いつくしみ」や「あわれみ」の面で適応する脳髄を形成して生涯人道的な情味を持ち続けるようになるのである。

第二の脳髄の内部構成は生後三年位で出来上がるとするも細胞の仕上げはなお活溌に続けられて二十才前後で完了するといわれている。

そこで人間形成の基礎はやはり三才前後の幼児のうちにきまるのであるから、この時期が一番大切である。人間形成の上で遺伝を無視することは出来ない。よく、「瓜の蔓に茄子はならない」とか反対に「トビがタカを生む」とかいわれるが、これは人間の場合は各々、条件が違うから、どちらも事実ではあるが、両親の双方が「優」であるから子が必ずしも「優」とは限らないし反対に両親一方が「優」で他方が「劣」でも子が「優」の場合もある。いづれにしろ「優」に越したことはないが、この優劣の区別は仲々難しいので、問題はむしろ胎内生活以後にあるとすべきである。即ち、環境論がこれである。「氏より育ち」というのもこれであり「孟母三遷の教え」もこれである。殊に家庭環境の良くないことなどは子供の感情を反映して問題を持つようになることが多い。

そこで世の無智な親達は「幼稚園へ入れてしっかり躾けよう」などというのを見かけるが、これではもう手遅れである。

この子供の習性も、家庭環境もよく知らない他人の手で躾けようとするなど成功する訳がない。やはり離乳期までは母体を清潔にし食事と睡眠を正しくして、大いに精神生活に努め、善いお話を聞き善いことを行って心に善根を植え、離乳後は子の食事と睡眠に注意を怠らないようにすると同時に我が心に植えた善根をその子のために実践して子供の機根を「情」で染めて行くようにすべきである。

親が善い話をせばその子も善い話を聞き、親が善い行いをせばその子も善い行いをする。勿論このようにして善因善果を結ぶべく努力することは大切なことであるが、もっと大切なことが人間の力の届かない世界にあることを知らなければならない。即ち神秘世界である。この神秘世界の約束によって人間界に生れた理が判れば人間世界に於ける努力とともにこの神秘世界に通ずる努力も必要でここに信仰の必要が生ずるのである。一人の人間が生れて来るまでには、その人間一人に附帯するいろいろな条件があって、この条件がタテ、ヨコにつながって複雑な線を画く、これを因縁と言い十二因縁的に説明すると、この二、三才頃を六入、とか触とかで表はしている。この間はただ単純な感覚と感情だけが働いて居るとするのであるが、過去因である無明「惑」、行「業」によって識、名色を備えて六入、触の「苦」の現在果を作り出すのであるから、過去因である惑と業を浄め、現在苦を一掃することに努力すべきである。この努力が親の信仰であり精神生活であって、この親の信仰生活、生活環境の中から二、三才前後の子供へ善い刺激を与えるようになる。従って親の正しい信仰から生じた精神生活は親の尊い宝であると同時に子供に対する大きな感化力となって、幼児時代の人間造りに貢献すること実に大なるものがある。単純な感覚、感情しか有しない幼児を導くとき、叱ること、怒ることは感覚を萎縮させるだけで意味あるものではなく絶対禁物である。この六入、触の働きをのびのびと助成させながら無言の実践を実地に示して善い刺激を与えて行くように努力することである。

このように努力せば、親は親なりに完成され、おのづから子に及ぼす影響は善い結果となって、子は長じて親を敬い、親は老いて子に従える親子の間柄となって、子は孝を全うし、親は情を告げて美しい人倫関係が生ずるのである。

これ人の道のはじまりにして、このようにして道を歩まんか神おのづから加護することと間違いなく、子は明く生長し、親は安心の笑みに満ちて安楽世界に安住出来るのである。

人の道、神の道　四

母なる母体によって人間像の完成を計る

「氏より育ち」という。この氏とは種子《しゅし》のことであり、育ちとは環境《かんきょう》のことである。即ち畑であり、母体であり、或は条件である。

そこで瓜の蔓に茄子はならない、というが、トビがタカを産む、というのも条件次第である。このように「劣」から「優」が生ずることがあるように、人間の生にも幾多のタテとヨコの因と縁による条件を持って産まれて来るので「育ちが条件による」ように「氏にも条件による」ことが多い。先天性というのが是である。この先天性を肉体的と霊体的に分けることが出来る。即ち肉体的には親又は親の親の何代かにつながる血肉と神経から請け継ぐ遺伝、と霊体的には過去世の因縁による宿業の継承とがあって、先祖の延長である肉体「我」と、霊祖の転生である生命「我」の二我一体が即ち人間像であって、この人間像は先天性を十分具えて後天的条件に立ち向かって行くのである。この間肉体と霊体との関連が問題となり、霊性の優劣が肉体なる人間像に及ぼす影響について答えを出す必要が生じてくる。しかしこの霊性の優劣を語るに先立って、そもそも霊体と肉体の関係は時間的に何時頃から生ずるかを考えて見ることにしよう。

人間の発生が因子である「精」と「卵」が縁によって遭遇して、陰陽相和し相携えてその落ち着く箇所に落ち着くのであって、これから相和の果を現わすべく両因子の細胞は分裂作用を活発に開始し、或は点となり、或は線となって、点は線によってつながり、線は点によって結ばれて一つの立体像を築くことに昼夜兼行努力を惜むこと無く続けて一箇の物体を形造り人間像の基礎を造り上げるのであって、これはたゞ驚歎の他なく神秘そのものの働きで人智を以ってして、この領域に立ち入ることも亦割り切ることも、今は許されてない。そこでこの神秘境によって発生した一箇の物体は、いつどのようにして生命を宿し、霊性を具えるようになるのであろうか。兎角神秘世界は不思議だらけで人智を以ってすべてを判断すること、説き示すことは至難とされて居るが神秘世界は神秘性によって構成されて居るので、この神秘性の因と縁が判ればその生ずる源は自らハッキリする訳であり、従って一箇の物体が胎生しはじめた理を静かに思惟考査することによって神秘境の動きの一端を知り得ることが出来る。

このようにして照覧するに、陰陽の両因子がめぐりあって胎内に落ち着いた時から「精」と「卵」の因縁によってつながる「霊」がその支配者なる神の摂理によってまさに造成され行く一箇の物体の支配者となることを約束されるのである。即ち霊界に於ける転生すべき霊が人間界に肉体を得て出現することを意味する。この人間界に出現を約束された霊と人間像を造成して行く一箇の物体は、一は母なる霊体と交流し、他は母なる肉体によって人間像完成を計るのであるが、いづれも胎生期間中は母なる母体を中心として活動し成長して行くことを知るべきである。

人間界に肉体を得て出現すべき霊はその肉体の肉親である母の霊と交流し、この母の霊を通じて我が肉体たるべきその胎内の物体に己の息を吹き込むことに専念するのであるがこの胎内の物体は大体受胎後三月位して人間像の形を整えるとされているので、この時分から人間像なる己を支配すべき霊（これを自身霊という）の支配を母体の霊体を通じて受けるようになるのは前述の通りである。そこで母親の霊を通じて受ける自身霊の働きかけは胎生中の肉体に及ぼす影響として母親の極端な嗜好の変化、感情の変化、趣味の変化、思想の変化等平常と異って行くようになり、この変化によって母体より受ける胎教となって現われ、或は肉体的に、或は情操的に胎内の胎生体を善くも悪くも仕上げて行くことになるのであって自身霊の過去世に於ける善業悪業による因縁と母親の霊性の因縁とによってその動きは一様でない。善因によって良縁が結ばれて母となり子となる約束の許に母体に宿った胎内の胎生体は母親の霊体と自身霊の交流が円満に行われ自身霊の希望や要求するものを素直に受け入れ胎内に於ける胎生体に伝えることに純粋であるが、要因によって悪縁が結ばれた場合は前述と相反して胎内の胎生体に及ぼす影響は良い結果を見ないことが多い。これは過去世に於ける縁によって生ずる現象で、いま仮りにこの因縁果の理が判ったとしても直ちにこの悪胎縁による悪業を浄め善果に振り替えることは容易で無い。無量劫を輪廻して来る間に知らず知らずに造りたる業であるであろうから一朝一夕にして洗い流し祓い浄めることは無理とするので、胎内の胎生体は不完全な成長を遂げて行くようになる。そして時によっては成長中途にして流産、死産、早産の形で中絶されることが生じ、これは皆悪因縁の悪果である。

その原因とするところは凡そ

一、父母並に父母両系の肉体的悪業を請け継いだ悪因縁による遺伝

二、母親の霊と自身霊となるべき霊の交流が円満でない現象

三、自身霊となるべき霊の過去世の業による果

以上三つに分けられるが、いづれも悪因悪業的結果であることに変りはない。これを善処する方法としては、

一の場合母体の肉体的体質改善を行い胎生体を健全に育成する方法を講ずること。

二の場合母親の霊体の覚醒を計り胎生体の霊体となるべき霊との交流を円満ならしめること。

三の場合人間界に肉体を具えて出現すべき理を悟らしめ使命達成に力添えすること。

この三つとも簡単なようで簡単なことではない。しかし、妊婦が変体変質的に肉体的に精神的に変調を生じた時、その苦しみからして或は、医師の許に走るとか、或は、精神修養書を読むとか、又は宗教的情操を身に付けようとするとか、これ等はすべて善い面の努力で賞讃すべき行いであり、信仰心の現れであるので善く報いられて善果を得ることが多い。これに反して我が苦に堪えられずして己を怨み、他を怨み、あまつさえ胎児を余計なもの扱いするような行いをした場合、過去世の宿業に現在「業」を積み重ねて未来果「業」として繰返し、三世に悪業を浄めることを知らない。このように我が一世一代の行いが三世に通ずるかを知るべきで、一世の善行克く過去因を浄めて未来に善果を施し、一代の悪行その過去を汚して未来に悪果を残すか、をよく考えるべきである。人間の一生は実に短い。短い時間とは言え、母なる胎内に宿る一つの胎生児を主にして観察する時、自他共に不可思議な世界における自己の生命と運命につながる意義の重大さを知る筈である。

妻として、夫に対する心構えもさることながら、特に母として子どもに対する心構えであります。自己の虚栄心を満たすために子どもに精神的負担をかけるようなことをしてはなりません。とかく子どもの意志や能力を考えないで、子どもにしいる場合があっては、母として尊敬されないでありましょう。いつも遠くから見守ってやるようにしてほしいものです。このようにして、何かの場合、子どもから相談を受けた時、それを正しく判断して、正確な意見を述べられる良き相談相手になることであります。これが尊敬される近道であり、信仰する人のとる道でもあります。

人の道、神の道　五

四月から六月は母親の清浄な食生活が大切

母体の胎内に芽生えた、一箇の聖なる物体、即ち人間像となるべき肉体の発芽は活発な分裂作用によって発展的転廻を続けて、その形造りに昼夜兼行怠ることのないことは前に述べた通りで、この旺盛なる活動は、ただ驚く他ないのである。

このようにして人間像は、三月にして形造られ、六月にしてその形整い、九月にして形固り、十月にして出産準備終り、後は聖なる誕生を待つだけとなる。

この間最初の三月は肉体の有する生命力の発芽と分裂とを繰り返えし、点を造っては線でつなぎ、線でつないでは点を追う如くして、次から次へと複雑な連鎖関係を結んで、肉体細胞の組織化と、この組立による物体造りに終始する。

四月から六月までの間は、造り出された物体の発育に専心する期間であって、肉体的には母体を通じて栄養を摂取し、霊体的には母体霊を通じて六根の教化を計かる。そこでこの期間即ち、百日から百八十日頃の期間が、殊に大切とされるのであって、この期間中、肉体的には骨格、体格の構成が決定づけられ、霊体的には性格、品格の天性が基礎づけられるので、母なる人は、この期間中特に諸事に留意することを必要とするが、殊に食生活に注意して偏食を避け、好き嫌いを無くし、出来得る限り清浄な食生活を続けるようにすることである。母体の肉体的体質改善による健全な母体から受ける清浄な栄養は、胎生体の骨格、体格の構成に無欠に近い位の好条件を備えさすことになる。これは勿論父母両系の肉体的先天性を別として、後天性のみを主にした場合の条件ではあるが、譬え先天的なものは急に改善されないにしても、せめてこの期間中だけでも食生活の改善によって、後天的条件の補いに努めたとせば、その効果の大きいことは論を俟つまでもない。というのは母体の食生活が、胎生体の肉体的生成のすべてであるからである。栄養を摂るにしても、それが百%滋養に富んだものであっても、一方に偏することはよくないし、また、それが清浄な物であっても母体に負担になるような物では、胎生体に影響することは言うまでもない。

このように、母体の食生活が、胎生体の構成に決定的な基礎となることは疑う余地がない。のみならず、母体の精神生活は母体霊の覚醒運動でもあり、且つ又胎生体の霊たるべき霊との浄らかな交流活動ともなるので、この期間中健全な精神生活によって清浄なる霊の交流を計らねばならない。これは食生活とは違って容易ならぬことではあるが、食生活と相俟って必要とすることである。このような動きが胎生体に及ぼす影響は肉体的に霊体的に実に大きい。

この四月から六月までの間が人間像の発生育成途上に於ける中心期であって、この時期から、霊、肉両面の育成発達が活発となり且つ安定して行くのである。

七月から十月までの間は、ただ六月までの間の安定した胎生体の育成を惰性的に援けて出生期までの固めをやる期間であって、この時になって六根は整い、本能的感情も働き出しはじめ、肉体的にはより以上母体と密接に、霊体的には交流が活発となり、胎生体が一箇の生命体として感情を母体に示すようになって来るのである。ここまで来れば、肉体と霊体は或る程度一体となって動きを開始し、母体霊との交流なしに直接の動きを示すことも数多くなり、立派な一箇の生命体であることは勿論、また胎生体から胎生児へと扱い方、考え方も変って来て、後は出生を待つだけとなり、十月十日の期日到来して、いよいよ人間界に聖なる新しい生命が誕生されるようになる。

こうして出生する新生命体の「誕生を宣言する」産声も高らかに人間社会に第一歩を踏み出すのである。これを「転生門の扉開き」という。

産れ出た人間像は、もう像では無く、立派な人格を備えた人間であって、人間社会の仲間入りの準備をする必要がある。そこで、しばし休眠状態に入り、眠りから醒めては飲み、飲んでは眠る。この期間中人間活動の基本準備をする。この期間が大体百日ほどを要するが、この間霊体は間断なく肉体に波動を送って内性の開発に努力するのである。

このようにして人間界に仲間入りした、一箇の新しい生命体は、胎内期十月十日間の肉体的訓練と霊体的交流が健全であり、清浄である限り、また出生後の条件が急変しない限りスクスクと育ちその本質をのばして、産れながらにして恵まれた環境と条件の許に人間社会の動きが開始されて行くのである。

そこで一箇の生命体なる人間像は胎内期から出生に引き続いて肉体と霊体が密接な働きをしながら人間一生の経験を積んで各々応分の人間完成に努力する。勿論自覚の有無に関係すること無く努力は続けられる。この努力の組み立てられた相が人間社会であって、新しく生れた生命体は、この人間社会の一員に加えられた意義を自覚しないながらも、それを目的として生長して行くのである。この意義を自覚し、目的を果すようになるまでには時間を要することは勿論、生れ出たばかりの肉体のなし得ることではないが、霊体の立場に於いては、肉体の成長と時間的関係無しに、いよいよ活動の分野を拡げて行くのである。

この霊体の活動分野が幅広く、また高度の交流が続けられるようになるに従って、肉体（人間像）も、それに比例して、成長過程に於いて非凡な動きを見せることが、しばしば生じて来るものである。

そこで人間生涯の肉体的発展期を大別して見るに、乳児期、幼年期、少年期、成年期、壮年期と区分することが出来る。肉体的成長は一応青年期をもって終止符を打つとするも、霊体の成長は肉体の成長活動によって生ずる現象を摂取して、豊富な経験を得てその都度内容を充実して行くのであって、霊体成長に限界は無い。一貫して人間活動の裏の力となって、日常生活のすべてを司り且つ梶を取る。これ霊体と肉体の表裏一体の動きである。日常の動き、即ち、物の見方、考え方、行い方すべてが人間の**表**の動きであるが、その実、**裏**の動きによってなされることを見のがしては、ただの形だけの動きで終り、その本質を見失ってしまうようになる。この本質を見詰めることによって真の己を知ることが出来るのである。

この本質を見きわめた立場から、人間の成長を眺めることにして、先ず乳児期の生態と動態を振り返って見ることにしよう。胎生体が出生する一月前頃から、母体霊は胎生体の霊と交流して胎生体に伝えていた動きを出来るだけ中断して、胎生体の霊と胎生体が直流して導くよう胎生体霊に任かし、胎生体が胎生児となって出生して、肉体的活動の出来るまでの間、守護育成の役目的立場に立たれるので、この時分から胎生体の霊の活動は、母体内に胎生中の別なる自己の存在することを認識すべく、また自己の存在を胎生体に認識さすべく働きかけて、いよいよ動きは活発化し、四十日間程の訓練期が続く。この間母体の感情が微妙になる。時には優しくなり、時には厳しくなったりするも、平均して平和な気持で分娩を待つことが多い。しかしこれは母体の表情であるが、実際は胎生児の動きによる現象であって、このような動きを続けながら霊体的活動と肉体的行動が相一致して、初めて母体を離れて出生の運びとなるのである。

こうして人間は出生する。高らかに揚げる産声は人間誕生の宣言であるが、世相を観じての驚きであり、悲しみであり、苦しみである。三つの嘆きの表現でもある。これを人間出生の門出の**三歎詩**というのである。

人の道、神の道　六

乳児期の育児は、指導者として信念を持つべし

人間は生まれながらにして、苦を背負っている。これは先天的「業」によるものであるが、後天的に生ずる苦も亦「業」に起因すること、恰も車輪の如し、で輪廻転生はてし無く続く流転現象は尽きるを知らない。

俗に「親の因果が子に報いて」というが、全くその通りで、生れて来る子に罪は無い筈だが、相も変らず苦を背負って来る。不合理な話である。これこそ因果の然らしむる為、親を怨んで見た処で見憎いものが残るだけで、取り返しのつくもので無い。

人の道、神の道　五　に述べた如く、健全で、清浄な、条件と環境に恵まれた者を理想とするのもこのためである。然し、これは至難である。というのは人間の全部が苦因である「業」を持って生れて来ている以上、この「業」を断ち切らない限り、苦は何時までも続くので、苦因を取り除いて、条件と環境を改善すべく努力することである。

この意味から乳児期に於ける育児面に注意して、せめて後天的苦因だけでも造らないようにせねばならない。後天的苦因といっても、先天的要因によるものであるが、特に乳児期に於ける母親の心構えと行いが如何に大事であるか、無心な赤児に及ぼす無言の感化は非常に大きく。そこで新しい一個の生命体である神の子、また人の子なる我が子のため、健全な一生を堅実に、着実な目標へ向って歩ますべく、母親なる立場から自ら実践すべきである。親としての大きな愛情と保母的な細かい世話を必要とすることは勿論のこと、指導者としての厳然たる態度を失なわぬこと（これは親としての本能的感情に偏し冷静さを欠くことが応々にしてあるので特に注意する）これ等は子を育てる親として当然であるが、いよいよ実践となると輒《たやすい》ことではない。

赤児の発育成長の過程を見るに、出生後の丸一日は休眠と宿便の排泄によって終りとし、人生の出発は母親の乳房に吸い付く本能慾の芽生えからはじまる。乳を呑んでは眠り、醒めては呑むことが日課となって、生命力の補給をはかりながら成長して行くことは既定事実であって論を俟たない。ところがこの過程に於いて起きる不慮の災事《わざわいごと》は、誰も予測出来ないものとしているが、災事即変調であるならば、この変調が肉体的現象であり、また乳児期の症状である限り母親はこれが予測出来なければならない。というのは乳児の肉体的症状は母親の食生活に関連し影響すること、殆んど全部だと言って過ちで無いからである。母親が健康であるのに、その赤児が弱かったり、母親が弱いのにその赤児が強かったり矛盾する場合があるが、これは矛盾する処か、寧ろ当然なことで、健康だからといって、母親が食事に対する注意を怠って悪食を続けたとしよう、この報いは乳呑児に果として現われることは明かである。また弱い母親の場合、常に体を気にし補養を怠らないことが多いので、この補養が薬事的か、食事的かは別として、その効果が赤児の方に現われて、母親とは反対に丈夫でいる場合が多いのも母親の影響である。皮肉ではあるまいか。善根必らずしも善果を得ること無く、悪根必らずしも悪果を報いるとは限らない理も条件次第である。そこで母なる方は、つとめて清浄な食生活を続けるようにすることである。清浄な食生活とは、(一) 血を奇麗にする食物、(二) 健胃整腸に値いする食物、(三) 美食を慎み素食を以てすること。このような生活を続け、この生活環境から生ずる影響を赤児に及ぼして見られよ、その赤児は恐らく肉体的「業」の一部を浄めることが出来るであろうし、苦の一つである病弱からのがれることが出来たとせば、その赤児は健康的優良児として自慢に値いすること疑い無い。世のお母さん方よ、精神衛生と物質衛生の均衡を失わないように努力することである。

体が弱い、よく病気をする、頭が良くない、成績が悪い、言うことを聴か無い、偏食する、居眠りをする、疲労し安い、精が足り無い、根気が続か無い、等々我が子のために気を労する親ごさん殊にお母さん方が如何に多いことか、この苦因を溯って考えて見るに、その原因の大部分が胎内期と授乳期の精神衛生と物質衛生の欠陥から生じた有難く無い賜物である。

誰を怨むべきや、その責《せめ》幼児《おさなご》に在るに非らず、己に在り。嘆き、悲しみ、苦しみ、是ことごとく過ぎし日の「業」による報いの鞭当てなり。この因たりや、愚也、迷也、豈に他を怨むべきや、顧みて恥なき己なるかを三省四顧、その非を我が心に誓い、神に懺悔して苦因を断つべし。

このように後天的苦因の大部分が母体の無自覚から生じたことから、母性の育児に対する関心はより高まって来なければならない。母性の幼児に対する愛情と関心は古今東西変り無い。しかし、これは本能の上でのことで、智性の上では著しい変化を見せている、だが果してこの変化が幼児のためプラスするか、マイナスするか、は甚だ疑わしい。というのは生活環境から生ずる不満即ち物質的精神面の克服生活が人間の小さな計らいから誤まられているからである。

一例として、託児所と保母、制度としては誠に結構だが、果して乳児や幼児のためプラスするかを考えて見よう。なるほど成長はするであろう。半面母性愛と関心は薄らいで行くこと明らかで、育児教育の面も亦この通りである。世の親ごさんは深く考えるべきではなかろうか。子は親の手によって育てるべきもの、他人任せにすべきで無い。乳児期に於ける乳児の生態や動態を眺める時、この点痛切に感じる筈である。乳房を咥え、乳を呑んでいる乳児の動きは無心そのものであるが、母親の顔をジーット見詰めるあの表情は何にか別のものを求めている。別のものとは何にか、母親から受ける感化である。暖いつながりである。これ親と子の愛情である。ミルクの哺乳器でこの愛情が得られるであろうか。母親病めば乳児も病み、母親喜べば乳児も喜び、母親悲しめば乳児も亦べソをかく、といったように母親の動きがその児の上に直接影響するので、乳児期に於ける母親の動静は実に容易ならぬことである。

我が子の将来のためを心から案ずるならば、先程述べた三原則とも称すべき事項を実践しながら、肉体的の面に於いては、食生活上の物質衛生を十二分に考慮して、健康を保持し、血を浄め、食事を簡素にし、つとめて明るく楽しく送るように修養怠ることないとせば、幼な児に及ぼす影響は必らず良い結果を見る事疑い無い。人は環境によって支配され安いので、善い環境に一生を過ごしたいのは誰しも願う処なれど、条件が許されないため苦しむことが多い。貧苦、病苦の場合、如何にも処置しようの無いように考えられるが、精神生活という新しい道が残されていることを忘れてはならない。この精神生活と物質生活を平衡して行うことによって、暗い蔭が去って明るくなり、貧病両苦の悲しみも消えて楽しみとなること恰も、闇夜に光明を見出した如くである。

乳児期を大体壱千日の時間として、満三才までの幼児の生態や動態は、肉体的にも、精神的にも、将来を約束づけるものであるから、人間の基礎を堅める期間として、世のお母さん方は、何を犠牲にしても一人の幼児のため愛情、世話、指導を怠ること無く相努めるべきである。

私は、一人の乳児期が過ぎたばかりの幼児の生態を興味深く眺めて来た一例がある。直接間接に不拘、精神生活の指導をすることによって、その霊性の発展は兎も角として、肉体的生態の上に著しい変化を来たしていることを認めているので、以上述べて来た理想が作文的理想で無く、大自然につながる本質的なものであることがより以上自信づけられた。また多くの母親たちが精神生活によって、自然に物質生活まで改善されて行く実例も多く見ているし、また食生活が何時の間にか、苦も無く改善されて、全身美容の見本のように心身共に奇麗になった実例を数多く持っておるので、特に世のお母さん方や、子のため悩む多くの婦人方に、先ず貴女方が卒先して体質の改善を計れ、と申し述べる次第である。

子どもを叱る場合でも、ただ感情的に叱るのでなく、時と場合により、諭すようにすることで、それが自然に出来る時賢いお母さんと言えるのです。

床の間に花を生ける時でも、どの方向にどう生ければ見る人の気持を安らげるかを考えてやる。子どもや主人に接する時でも、どのような態度で、また表現すればよいかを絶えず考え実行すればよい結果がでるでしょう。

このような婦人がふえた時、初めて家庭も、社会も明るくなるのです。

人の道、神の道　七

親、指導者が神を信じ境地開拓すること

人生の生れながらにして背負っている苦を区分して見るに、その重なものは、病苦と貧苦である。貧苦はさて置いて、病苦を考えて見ると、更に身病と心患の二苦に分けることが出来る。身病とはいうまでも無く肉体的病《やまい》のことであって、この身病をまた先天的病と後天的病に分けられる。俗に血筋の病《やまい》というのは先天的のことを意味し、遺伝性をいうのである。即ち、親から受け継いだ体質によって生ずる病《やまい》のことで、例を挙げれば数々あるが医学的分野に立ち入るのは本旨でも無いので、これは省略することにする。

この先天性の病《やまい》は親の因果子に報い、の因果応報の理に基く親の業を子が受け継いだ悪い果実に他ならない。そして子に受け継がれた親の業は、子の現在苦として更に業を積み重ね体質的にその子や孫に遺伝されて行くのである。

後天性の病《やまい》の場合は大概本人の無自覚と愚かさから病苦を作り出すことが多い。然し殆んど大部分が遺伝性の条件付体質から生ずるので後天性と雖も先天性の継続のようなものではあるが、特に後天性の病《やまい》は当人の愚かさから作り出すものであることを思いなおすべきである。いづれにしろ過去因による現在果は未来へと幾度となく繰り返されて肉体的自滅の時期まで続くのである。このように過現未三世にわたる永い時間先天的に苦源を相続している以外、また、己の愚かさから現在苦の因を作り出して二重苦の業を重ね、己が苦しみ、その苦を子々孫々に引き継ぐ愚を敢えてするのである。

心患の場合は、また複雑である。四百の病、八万の患いという位でその数も身病の比では無い。是亦親から受け継いだ質《たち》によるもので体質、気質の相続から来る影響が大きい。即ち、ものごとを気にする質、そして苦に病む質、この気にして苦に病むこと、これが心患の代表的なもので大部分の人間が、このような性質を持って生れて来ている。ただ環境に恵まれている人達は別として、多くの人間が気にし出すとそれを苦にして心を患うことは周知の通りでその数も亦多い。この心患心苦は親から受け継いだ質《たち》の相続もさることながら、或る大事なものを忘れているところに起因するものであることを知らねばならない。即ち、己を知ることである。そして神を知ることである。この知るという別なる境地に対する認識の貧困から生ずることが多いのである。

このように人間は身病心患を背負い、そしてあえぎ苦しんでいるのが殆んど全部の相であって例外を探すことが寧ろ至難なほどである。これは人間が順を捨て、逆を追い、道理を忘れ無理を押し、天地陰陽の法則に反した変則的な生活から生じた現象である。このような状態が続く限りその本質を知ることは勿論苦源を断つこと遥か縁遠い世界になって終う。従って、苦に苦を積み、業に業を重ねて、色心二面に不浄の上塗りをすることになり、幾歳も幾歳も続いて廻る苦界の輪廻から脱却することが出来ないのである。

一人の人間が人間界に出生し人間の仲間入りをした時から、否、その以前から既に約束された苦の芽が出はじめて、二葉になり三つ葉になり、枝を出し葉を繁らして恰も蔦かづらの如く蔓《つる》をのばし、人生苦は延々と続いて行くのである。そしてこの苦源を断つことを知らぬ儘、いつしか老い果て一生涯を終えるのである。

しからば如何にして、この苦源を断ち苦界から抜け出ることが出来るか、これは一つに境地転換である。この転換境地であるが、優生的であり、優境的であることは勿論理想ではあるが、皆が皆、恵まれた境地に生れ、恵まれた環境に育つことは恐らくあり得ないのみならず、仮りに優生的であり、優境的であっても人間の本能的迷いから生ずる現象は人智人力をして如何ともなし難いのである。ここに人智人力以外に拠り処を求め、救いを求めるようになる。これは境地転換を計る動きの一つであり、また、信仰的動きはこのもっとも切実な現われでもある。

この信仰によって拠り処を求める動き、これは何によりも適切である。しかし正しい教えによる信仰でなければならない。俗信や迷信では寧ろ信仰しない方がましである。というのは惑は業の因《もと》であり、業は苦の因《もと》である故、惑をかもす迷信や俗信を排すべきは当然で、このような信仰は拠り処を求めるどころか、より以上迷い多き苦しみを重ねることになるので正しいものを求めなければならない。この正しい信仰を得てはじめて苦界から脱却することも出来るし、また、苦源を断つことも出来るのである。この正しいものを得るには心身を清め正しく持して己が心に正しきものを求むべく精進し誓いを立てることである。しからば必らず真の己を知り得るであろうし、また、この己（真我）を知り得ることによって別なる世界をも知り得るであろう。この別なる世界こそ神の世界であって、この神の世界を知り、神を知ることによって因縁果の法則を知り、この法則を知ることによって、苦因を知り、苦因を知るが故にその源を断つことが出来るのである。

このような境地に住することが出来れば、これこそ菩薩の境地であり、神の境地であって、これ以上「他に何にをか求むべきや」である。だが、これは容易ならぬことで生れ変り、死に変り輪廻し転生すること幾十百千万回を経て、しかも明師の許に観法修行して正法を悟得してはじめて得られるのであるが、この容易ならぬ境地も至難事ではない。というのは己を知り神を知ることによって容易に境地開拓が出来るからである。即ち「神自らの教え」が世に出現して、多くの迷える人々、多くの病み苦しむ人々に新しい境地を示し賜うが故に、この「神自らの教え」を受けることによって新しい境地が開かれるのである。そこでこの境地に立って各々自分を顧みることである。今までの自分と違った自分を見出すこと疑い無い。是一つに聖なる「神自らの教え」を受けた賜物にして、宝珠であり、清浄な相であって他の者の味わい知れない神秘境である。この境地こそ苦楽を超えた法悦の境にして、この法悦の境に浸《ひたる》ことが出来れば苦も無くまた楽も無く、ただ成仏の境地あるのみで、ここに至ってはじめて苦源を断ち切ったと言えるのである。これ最上の理想郷であり、人生目標の終局でもある。

この終局に到達することは容易ならぬことであるかも知れない。しかし理想と目標をここに置いて一生を送るべく日常己を磨きそして自己の境地を築き上げるべく努力することである。

自分を磨き上げる努力、意識的に出来る立場の人はよろしいが、「人生行路」の第一歩か数歩を踏み出したばかりの幼児達はどのようにして磨き、どのようにして築き上げるかである。これは一つに親ごさん方の責任に於いてなすべきである。己を知り、神を知る、という悟りの道、この道を得て、その軌道に乗ることによって、機関車の後に数多い車輌がついて動く如く、幼児達も安心して親の後について行けるのである。指導者の方々や親ごさん方は細心の注意を払って脱線することのないよう努めねばならない。脱線事故は牽引者だけの災難で終るもので無いことも計算の中に入れて貰いたいものである。後続車輌が牽引者の進むままついて行く如く、幼児達は親や指導者のいいなりに、また親や指導者を真似ることによって新しいものを摂取することは説明を要しない。是即ち、感化であり、教化に不備なものがあった場合どのような結果が生ずるかを考えてみられよ。果を観て騒ぐより、善因を施すべく事前に注意することである。世の指導者の方々や多くの親ごさん方が如何に無知であるか、そして如何に利巧であるかである。この無知と利巧さが多くの次ぎの世代の相続者達の気持を啀《いが》まして終うのである。これは脱線から生じた現象で、この現象が感心しないものであるとしたら、その責は誰が負うべきであろうか、指導者方々や親ごさん方の大いに反省すべきことではなかろうか、因果応報は当然であるが、すべて因縁機果の調整不完全から来るものであることを心すべきである。ただ自身を磨くことに専念すべきである。そして自分一個人が立派に磨かれて行くことによって多くの側近者も亦輝いて行けるのであることを十二分に認識して、一途に神を信じ境地開拓に精進することである。

婦人方は、自分だけで処理の出来ない問題に直面することが生ずる場合があるものです。そういった場合、信仰によって解決しようとする面が多く見られます。信仰の内容はともかくとしても、大概の場合子どもが丈夫であるように、主人が平穏無事であるようにと、あらゆる面に取り越し苦労だと言われる位気を配るものであります。そしていつも私のない願いをこめるのです。主人や子どもが幸せになり、家が栄えるようにと、中には自分自身の行く先を祈る人もあるが、これは例外であって、長い生涯自分よりも周囲の幸福を祈ることが多い。

ここに婦人の信仰は一応正しいと言えるのです。

人の道、神の道　八

子は親の中に友を求め
親は子の中に友を求めて

人間は一様に心患身病を有しこのため呻吟す。心患身病共に苦源のしからしむる処なれば、苦源を知らざれば処方に途無く、薬方に効無し。如何せん。処方、方薬を何処に求むべきや、である。

人間苦はその源を前世に発して現世に持ち越し、更に来世に繰り越すこと恰も車輪の転ずるが如しと、車輪の転ずるは車輪の所為《せい》に非らず、その責《せめ》車夫に在ると雖も、人間苦の転ずるはその責己に在り、是業の相続である。

このような好ましくない相続はしたくないものではあるが、好む好まざるに不拘繰り返えされて行く現実をどうしようも無しに見送っているのが人間の一生である。この為或は悲しみ、或は歎き、苦しみ悶えて、或る者は病み、或る者は患う。して見ると身病心患も自己の造りたるものに他ならず他を責めるべきでない。

責任論的になると、その結果の不出来の責《せめ》を子は親に親は子に負わそうとするかも知れない。しかし責任となると、その大半が親にあるのである。というのは乳児期までは親の意志が子に伝わって子は親の感化を多分に受ける。ところが幼児期に移ると親の意志はそのまま伝わらない。

これは本能欲と成長欲から生ずる自然の動きで、この時分から親と子の感情に差が生じはじめ時には激突することもある。前世に於ける因縁的関係から生ずる場合もあるが、大概の場合前述の本能欲と成長欲から生ずるものであって、少し位衝突があってもこれは大した問題ではない。乳児期に於ける子に対して親としての育児法は自分自身を正しく持して行くことによって乳児にその儘感化されて行くことは間違いないが、幼児期になると少し違って来る。

というのは幼児期に於ける親の育児法は、ただ親だけが正しくした処で幼児に真直ぐ伝わるものでない。これは善悪を含めた本能欲と成長欲から生ずる行いは親の行いと直接関係しないからである。そこで親として幼児を指導するに当って幼児の動きをよく観察し、その動きを理解し融け合うべく努力することが大事である。この観察を誤り理解が足りなかった場合親との間に溝が生じ意見の相違を来した結果だんだん親子の性格の開きが大きくなり、物の見方にしろ、考え方にしろ相反して来て親子の距離が遠くなりやすいのである。

この意味から乳児期の我が子を託児所に預けることに賛成しないように、幼児期の子供をただ習慣的に機械的に幼稚園に托するやり方にはやはり賛成出来ない。親が主になって育児と指導に当るべきで、他人任せにして決して碌な子は出来ない。そのよい例は世間に数多い。

金持ちの子弟や多忙な社会生活を営んでいて育児を他人任かせにしている家庭の子弟を御覧なさい。このような家庭の子弟に碌で無しが如何に多いかを。この事実を皆さんはどのようにお考えになります。親子の愛情、この暖い真の愛情これが幼児期の子供の大きな精神的糧であるのです。

若しこの年頃の子供に愛情の欠乏から孤独感を抱かせるようなことになったとしま

しょう。その結果はどのようなことになるでしょうか、周囲との融和を欠き劣等感から来る陰性な抵抗が性格を啀《いが》め本性を失わすことになる。

先天的に善いものを持って生れながら、周囲の無理解から悪くなった例も数多いので、育児については特に留意すべきである。

ここに育児というのは、ただ子供の肉体的成長指導だけをいうのでなく、精神的なものをより以上意味していることで、前世からの相続による善悪両面の因果的理は判らないとしても、せめて今世だけでも前世の轍を踏まないようにすることである。

現実的に於いて親と子が相反し、考え方、行き方を異にし相争うようなことが生じた、とせばこれはまさに不幸であり、ぬぐい切れない罪障を親子が背負うことになるのである。このような場合、前世より繰り越された悪因縁的なものが親と子の間にあることもさることながら、現実面に於いて育児指導の間違いから生ずることを忘れてはならない。この面の比重が或は前世より繰り越された罪障より重いかも知れないのである。

世の親御さん方に言わせせば、私は子供に出来るだけの愛情をかた向け子供本位に気を遣って来た、とおっしゃるでしょう。確かにそれはその通りでしょうし、また、それは認めてあげなければ世の親ごさん方の御苦労を犒《ねぎら》うことにならない。だが、世の親ごさんたちの言われる通り子のために真の愛情をかた向けてやったかどうかは甚だ疑問である。

子供の言いなりにしてやった、子供のやることに反対しなかった、とか大概判で押したようなことを訴えて歎くのであるが、これは間違った愛情であることに気付かずにいるのである。

金をやった、物を買ってやった、子供の言いなりにしてやった、それだのに親の言うことを聞いてくれない、という。子は親の言うことを絶対聞かなければならないものでもなければ、親に反対していけないものでも無く、むしろ正しい抵抗ならあってよい筈である。しかるに親の歎く中にはこの正しさに相違があり、且つ、親と子の考え方、行き方に違いがある。これは致し方無い。年代の相違と時代の流れを無視してはならない。年寄りのよく言うことで、私等の子供の時は今の子供とは違っていた。

今の子供や若者はなってない、とハッキリ言い切る人が多い。それもその通りで、これは事実だから年寄りの説に賛意を表して置くとして、年代なり、時代なりが何時も同じことを繰り返していたのでは変化もなければ、進化も無いもので、時の流れと共に動いて行くのが自然であり、また当然であるので、この自然の動きに目覚めることである。

即ち年を取らないことである。少なくとも精神面に於いてだけでも老い朽ちてしまわないことである。それには子を育てるに当って融け合うことで、親であり、友であるようにして、子は親の中に友を求め、親は子の中に友を求めて、互に善を摂り悪を捨てることに努力することである。そして導き導かれて新しい世代の考え方、行き方を観察し、新しい時代の動きを見きわめ、この流れに逆らわぬだけの努力が必要になってくる。少なくともわが子の羽ばたきして独りで飛び立ち不安のないようになるまでの間これは続けなければならないことである。

このような努力をしてなお且つ子の出来が悪いとか、親子の間に意見の相違と感情の対立が激しいとせば、これは前世からの宿縁による悪業のしからしめるもの、人智人力をもって如何ともなし難いもので、ここまで来れば一切を神の前に懺悔《ざんげ》して神のお救いを待つ他なく、神の御前に懺悔するとしても従来のざんげ方式ではよい結果は得られない。即ち涙を流し口先だけの懺悔では清浄になる訳が無く、親と子の悪業がぬぐえるものでも無い。これには苦源を知って神の処方による方薬を求める以外に途なしとするのである。

この道こそ神への道であって、この道を得るには神の御教えに依る他ない。神の御教え何処に在りや、これ遥かなるに非らず、汝等の心の中に在りで、偽らず、疑わず、計らわず、ただ一心に神の御教えを求めて見よ、神必ず愍《あわれ》みて、ここに道を示すこと疑い無し、この道こそ神への道であり、この道によってはじめて神の御教え受けられるとする。

今ここに乗道を得て方薬を求めた。病むこと無く、患うことなく、迷いは晴れて、雲散り霧消えた青空の如き境地開かれるであろう。これによって宿縁の悪業罪障も祓われて清浄無垢と変わるべく、これすべて神の所為なれば神を無視してなること無し。一切をささげて神に帰依すること、是何により第一である。忘ること無く、怠ること無く、神を信ずること己を信ずる如くし、己を信ずること神を信ずる如くして、先ず自己完成を第一義と心得置くこと、是修行である。

この修行によって神の御教え授かる時機到るものとす。これによって苦源を知りて煩悩を断ち、悪業罪障消滅して涅槃浄土眼前に示されるのである。速かに此の境地開拓に努力することである。しからば苦は消え、楽現わること疑い無し。

婦人方は子どもを指導する場合に、もっと大きな人間を造るように努力してほしい。亭主族を指導する場合も同じである。男性というものは婦人のかじとりようでどうにもなるものだ。かじのとり方が悪いと、よいかじをとるものを求めて、外に出るようになる。その責任は男性にあるのではなく婦人にある。

人の道、神の道　九

幼児期の信仰生活を習慣付けることの意義

人間の成長して行く過程において、幼児期にその指導よろしきを得たとせば、これは大きな収穫である。然し義務感や打算的な指導であっては結果としてその効は薄らいでいくものである。

親が子を育てるということは義務を越えた責任であり、また当然のことである。しかるに産んだから育てる、産まれたから育てる、といった考え方をする親ごさんがいるとせば、これは厄介者扱いする迷惑感がどこかにひそんでいることになるので、その子のプラスにならない。また厄介者扱いしたり、迷惑感を抱いたりする親ごさんがいるとしてもこれは例外であるので別として、普通の親として子を育てる場合においても親本位に偏した一方的な育て方をしては、これもプラスにならないことは論ずるまでもない。

このように一人の幼児が成長して行く過程における指導は容易ならぬことで、ただ大きくなった現実だけを見て人間の成長を安易に考えることは無智であり、無責任というものである。

俗に親はなくても子は育つ、というが育つだけなら野生の草も、花苑の花も育つし、乞食の子も、長者の子も育つことに変りはない。ただその目的に向ってすくすく育って行くか、いなかによって意義が違ってくるので、この意味から立派に育つことを必要とするのである。しからばどのように育てることが、立派な育児であり、指導であるか、というに、先ず子は、親のものであることは決定的事実であるが、親の子であると共に社会の子であり、また、大自然の子であることを強く自覚することである。即ち社会の子である一面を知ることによって連帯感を強くし、大自然の子である点に目覚めることによって神秘性を深め、人間社会の一員として、また、大自然の一員として、活動が約されていることを自覚させることによって本性が確立されるのである。

そこで指導者は須からく正しくあるべきで、先づ指導者自身己を正し、神仏を敬い、信仰心厚く、私心を捨て、私慾から離れた境地から指導せばその効は自ら現われるのである。というのは我が子と思うが故、親としての感情と私情が先きに立ち、私慾に走り感情が乱れて指導を誤る場合も生じ、この乱れた境地に於いての指導がどのような結果を生むかは自ら明かであるので私情をはさむことなく慈愛の心をもってすべきである、とするのである。このような境地から幼児の純心な動きをよく理解し、その求めるものが何んであるかをよく弁えて、これに応ずることが大切で、ただ無条件に応じることは有害無益というものである。この有害をなくするには、理解し融け合って、まことをもってすべきであるが、この場合「まこと」をもってするにしても人間の考えだけの「まこと」では往々にして得手勝手な解釈から一方的になりやすいので、一方に偏することのない中正の道を選ぶことである。正しい判断と中正の道、これによる「まこと」はやはり正しい信仰によってのみ得られるのであるから、正しい信仰の中から得た中正の「まこと」をもって幼児の世界に融け込んで行くことが、指導者として、親としてもっとも賢明な方法であり、適確な効を見るのである。

世の多くの親ごさん方は、世事俗事に追われていろいろ煩瑣な時間を送ることが多く、子は子で新しい意欲を燃やしては、いろいろなことを考え出して頻繁に親に質問を発するものである。この時親は子の質問に心から応じてやりながら、その求めるものが何んであるか、その求めるものが正しいかどうかを充分検討しながら明確に答えてやるようにすることであって躊躇したり、ごまかしたり、うるさがったりしてはいけない。子は親の答えを聞いて一応さがるが、反面別な考え方をするものである。この別な考えとは子自身の考え方、見方であるから、いい加減な答えをしては満足しないのみか、疑いを持つようになり、親に対する信頼感が薄くなるので、押しつけるようなことをしては結果的にマイナスになる場合が多い。そこで親も人間である以上全能ではないし、また、幼児とは言え子供の質問に全部明確に答えられるものではないので、ここに正しい信仰を持つ親と持たない親との相違が出て来るのである。

日頃正しい信仰をもっている親にして、幼児に信仰による感化を充分植えつけた場合幼児が判断に迷い、疑いを抱いた時、躊躇することなく、神の前に端座して合掌礼拝すること疑いない。このように幼い時から信仰心を持たして神に祈る習性を植えつけ、精神生活を豊かにして行ったならば、その幼児は善根による善果の芽を出すこと間違い無く、かくして育った子は、親を敬い、親を信頼し且つ処を得たことによって自身を深め、強く生きる基礎を造り上げるのである。これは感化によって自然に出来上がることで作意的なものと違って、天性に近い習性として人間の基礎構成に大きな役割をなすのである。そして幼い時から正しい信仰によって神を知り、神を信ずることによって幸せを一身に受けて栄えること是亦疑いない。これは理論を越えた絶対なる境地に踏み入った結果であるので論外の理として解明し難い、とする他なく、指導者である親ごさんの自覚と精進による賜物として、その子に授かった栄光であって、人間がその基本的出発において、このような条件に恵まれたことは環境の然らしむる処とは言え、求むべくして容易に求められないものであるだけに羨ましい限りであり、万人斯くありたいものである。

ここに信仰心を持たすと言うのは従来の慣習による形式的な、観念的なものをいっているのでなく、神秘的で、且つ、実質的内容の伴った生きた正しい信仰を言うのである。即ち己を知り、神を知り、真理を知り、そして是を正しく行うことを心に誓う信仰である。幼な児にこのような難しいことが出来るかというと、勿論出来るものでない。しかし幼な児の手を曳いて行く親ごさんが、この信仰を身につけて行う限り、手を曳かれる幼な児は感化によって大いに啓発されるものである。幼な児の初期における行動は真似ごとに過ぎない程度ではあるが、徐々に真価が現われるようになり効を得るものであるから、幼児期において信仰生活を習慣付けることは、人間が文化生活を営み向上発展を期する限り必要とするのである。従って日常生活の中に信仰を生かして行くことによって、幼児は親を通じて、或は自分なりに神を知り、人と神との関連が判るようになり、幼児の前途に無上の光明が輝くようになるのである。

世の多くの親ごさん方は、このようなことを希望し、我が子に関する限り他の子に敗けない立派な子になって貰いたい、と期待しながら育てるのであるが、期待に反する結果を見受けられることが多いのは誠にもって残念なことである。というのも真の信仰がどういうものであるかを知らず、ただ拝むことが、或は念ずることが、唱えることが信仰だ、と思う親ごさん方の善良な無智さから生ずる報いである。よかれと思ってしたことが逆効果を生むということも皮肉ではある。是はやはり感化によるものであることを知らねばならない。世の親ごさん方の我が子可愛さは判るが、子は親だけのものではなく、人間社会のものであり、大自然のものであるから認識を誤っては親のため、社会のため、大自然界のためにもならないし子自身のためにも勿論よくならない。特に我が子だけ良くなればと考える親心は変えねばならないし、また、社会の連帯性を考えながら指導しないと、社会もよくならなければ、子もよくならない。こうした意味から我が子一人がよくなることは社会の一隅が明るくなる、といった思想のもとに育児と指導方針を立てるべきであって信仰と精神生活の重大性もここにあるのである。

拝むことや、念ずることや、唱えることが悪いのでなく、その行いの中に含まれた考え方、見方が問題である。拝むことや、念ずること、唱えることは即ち一個人の願望達成を意味する場合が多いので、拝んだり、念じたり、唱えたりしている自分のまわりに家族もおり、近親者もいることを念頭に於いて、これ等に及ぼす影響も考慮しながら人類社会に貢献するものがあるか、否か、を弁えて行なう位の冷静さと、ゆとりをもってすべきである。

親の無自覚と、無智な信仰が子にその儘伝わるようなことがあっては、その子の不孝であるだけでなく、社会の一面が暗くなることは明らかであるので、信仰することが時には毒になる、というのもこのためで、折角の努力があだになるような信仰をすることは自ら迷いの世界に足を踏み入れて苦しみを作るようなものであるから、信仰が人間社会に必要なだけに間違った信仰をしてはいけない。これは人の道を踏みはづすもとであると同時に神の道に反するものである。

母親方は、母性愛的立場から盲目的に走り、子に負担をかけることが多いように見受けられることは遺憾でならない。多分に自己の見栄のために、子に学問を強い、自己の劣等感を補うために、子に優等を期待する向が強い。そしてやれ参考書だ、やれ家庭教師だと、独り相撲をとっては、その負担を子にかけるのである。傍で見て美しいように感ぜられるかも知れないが、これは大変な間違いであって、子である当人の世界を知らない無理強いというものである。

人の道、神の道　十

子供は神性に富み神秘性を求める

人間が己を知り神を知るという事ほど幸せな事はない。しかるに、己を知り神を知る人は稀でありまして、幼児期における幼児に己を知れという事は無理である。しかし、神を知れという事は無理ではない。というのは、古より幼時にして既に、神を知り、神を拝んだ例は数多いので、決して無理ではない。してみると、己を知るよりも、神を知るというほうが、たやすい事のように考えられるが、決してこれとて容易な事ではない。天分によって開かれるか、指導よろしきを得て開かれるかの相違はあるが、何かの機会に、己の霊性を目覚めさす事が出来さえすれば、神を知る事はさほど困難ではない。幼な児に己を知れと言ったところで、まるで見当違いな問答になるが、神を知れと言えば、子供は関心を持つものである。それだけ、子供は神性に富んでいるとも言えるし、又、神秘性を求めるように出来ているとも言えるのである。この場合、指導者の指導が正しくなかったとせば、子供は、神を知る前に空想家になり終る場合が多い。故に、指導する立場に居る者、特に注意を要すべきである。

人間このようにして、幼い時から神を想像し、或は神を知り、そして、行いの上に神の存在を植え込んでいくとせば、その子は人生の行路に於て、大船に乗ったと言ってもよいであろうし、指針をあやまるような事はまずないと言っても過言ではない。人はみな、己の進む道を知らず、大部分が迷い続けて死路に就くのであるから、神の存在を知ったとせば、迷う事なしに、神の御許を目標として進むこと当然で、迷いの生ずる訳がない。これ幸せでなくてなんであろうか。神を知る喜びとは、この事である。ところが、一般家庭に於て、親ごさん達がこのような根本精神のもとに指導する人が何人ありましょう。恐らく数少ない事と思う、その点、神が存在しようとしまいと、一応存在するものとして、神を拝ますことを習慣ずけてきたキリスト教徒の場合、尊敬に価いするものがある。ただ残念なことは、神を知らずして神を拝ますような、偽った導き方をする事は慎しまねばならない。子供から質問され、親ごさんが神の存在を何をもって証明する事が出来るか、証明出来ないとせば、子供に偽りを教えた事になる、と同時に、己を偽り、神を偽った事になる。この点、キリスト教徒の大いに反省すべきことである。キリスト教徒の中に、形式主義者が多く、偽善者の多いのもこの所以である。神を知る事は必要ではあるが、偽りを強いられては無意味である。その無意味なことを、日夜繰り返しているのが、人間社会の一つの慣習である。大いに心すべき事ではなかろうか。その意味に於て、仏教徒が仏壇を拝み、神道系が神棚を拝むのも、一つの慣習に過ぎず、それ以上の事は何ものもない。といって、悪い事であるかというと悪い事ではないが、無知である事が確かである。

人生の出発に於て、このようなあやまった無知と偽善を教え込まれては、長じて人間社会を形成して行く一人となった時、真実を見失い、虚偽だけが残るのも無理からぬこと、これが今日の人間社会の相でなく何であろうか、悲しい限りと言う他ない。ここに真実を真実として示し教える指導者が世に現われなければ、人間社会がより以上混乱状態に陥るのは火を見るよりも明らかである。

この時、聖者現われ、幼な人を指導し、その幼な人に正しい進路を示し与えたとせば、未来は洋々として、輝やく事間違いなく、すでに約束された事として、神と人との約束に基づいて、人間社会が明るく真実に燃える相に変っていくのも当然で、これを求めやまぬは人間の希望であり、理想である事なれば、このような希望と理想達成に努力を惜しまない事である。

この努力こそ修行であって、この修行によって、聖者の教えを我が教えとし、我が教えとする事によって、神の教えを知る機会に接し得られゝば、神の実在を知り得る事はさほど困難な訳はない。かくして、聖者を得、神の教えを知り、神の実在を知ったとせば、人生の行路に盤石の基礎を築いたと言える事であり、この盤石の精神をもって進む前途に、不安ある訳なく、これこそ安心に満ちた人生と言えるのである。

一人の人間が恵まれた天性と良い環境の許に、聖者の指導の如き、聖なる導きを受けながら成長して行く段階を連想して見た場合、その人の前途は如何であろうか。ただ明示された軌道を真直ぐ進んで行けばよい訳である。しかし、恵まれた天性と環境だけでは容易に目的地に到達出来るものではない。というのは、天性といい、環境といっても、本人から見た場合恵まれた環境であるかどうか気付かない場合が多いので、聖なる指導者を必要とするのである。この三つの条件が具備してはじめて完全と言えるのである。このような条件具備が理想であるが、中に一つ或は二つ欠けることがあるとしても聖なる指導が欠けた場合、目的達成は縁遠いものになってしまう。それだけに、指導ということが如何に重要であるかが分かるのである。古来、聖者を求めることも、仏陀を求める心も、救世主を求める願いも、大《だい》にしてこれに通ずるのであって、人間ほど弱い者は無いということになる。この人間の弱さを補う意味に於て神を必要とするのである。

無知蒙昧な野蛮族ですら、神に願い神を恐れる気持を見ても想像出来るし、又現代人にして、理論の塊りのような青白いインテリ層に於ても、仮りに神を否定するにしても、自己以外の何物かにすがろうとする気持のある点からして、これ亦弱い一面であると言えるのである。

このように、知識の有る無しにかかわらず人間は他の力にすがりながら、生きようとするあがきを持って、一日一時づつ、目的地に向って進んでいるのであって、これを意識しようとしまいと、死出の旅路である。誰が朝《あした》の露の如き我が命を知り、夕《ゆうべ》の煙りの如く一生を終えていく己を知る人が幾人あろうか。ほとんどの人が生きる為に追われて、死ぬ為に生きる己を忘れているのが人間社会の世相である。この死ぬる為の生なるを知るに於て、はじめて己が為すべき使命を知るのであるが、これ亦使命の何たるかを知らずして、ただ一生を徒食して終える者の数多きを歎くのである。この部類の人に人間としての価値をどのようにして見出し得ようか。ただ哀れなる姿と言うほかない。短かい一生、大事な命、人間として貴い使命を忘れることなくして、一生を全うしたいものである。このように説いて来れば、成程なー、理論抜きに、例え生涯の一時でもそのような境地で過ごして見たいものだと、考えられる方々も出てくると思う。たったこれだけの処に気付いただけでも、人間として悟りの芽が芽ばえ出したことになり、安心の花咲く時の来ること疑いないから、時遅しと一人ぎめすることなく、己を知るべく精進することであり、又神を知るべく聖者を探し求めることである。而して、我が手に幼な児の手を曳いて神に祈ることを怠らないことである。

理を知るは易く、聖なる師を得るは難し、という譬の如く、理を知るよりも、師を得ることが難しいということになるが、これとて、清く浄らかな気持で神に願い、心から求めた場合、必らずや良師が現われ導いてくれること間違いない。

ここに神信仰ということがより以上必要となるが形式的な信仰では神を知ることは出来ない。形式は飾りであり、偽りであるからである。心に偽りを持たず、口に真を語り、行いに不正なければ正しい信仰を持てる資格者といえる。

人の道、神の道　十一

人生の行路における一番肝心なこと

人間一生涯に於いて、信仰を持つか持たぬかによって、その一代は勿論のこと永代に及ぼす影響大きいものがある。

人々、各々我が道を歩むに、その道異なると雖も目的に於いて異なることなく、滅する己と不滅の己が同行して生涯を全うする、とするも中には、目標を誤り進路を失い、或は迷い或は落伍し、道ならぬ道、奈落の底に陥る者無しとせず。然れども所詮は目的地に向って進まざるを得ないものなれば、迷うことなく、落伍することなく、たとえその荷重く、足どり重くとも、また、牛歩の如く遅々として進まぬとしても、一歩二歩力強く大地に足をつけて歩むべきである。

斯くして迷いを祓い、落伍を防いで滅するものを整え、不滅のものを浄め、力強く大地を踏みしめて行くことによって、目的地に到達することが出来て生涯を全うするのである。

ここに於いて、信仰を持つ者と持たぬ者との差が生じ、一方は涅槃浄土へ、他方は奈落穢土へと別れ、目的を同じくすべき者が、かくも相違を来たすことは悲しいことである、とせねばならない。これ偏えに、人生の行路における一過程であり、一段階であるとはいえ、正しい信仰を身に付けて、一段二段と悟りの境地を高め、常ならぬ己ではあるが、この変するものを通じて変せざるものを知り、時間空間を超越し、不滅の世界あるを知ることによって、生命の永遠性を知り一生を疎かにすることなく、行（信仰）に励み自己完成に精進するようになる。この導きは師によらなければならない。師は即教えであるからであって、教えなくして行ある筈なく、行なくして果ある訳がない。故に師を敬うことは、教えを尊ぶことであるから、教えと行は一体である。この一体である立場においで指導するのが正しい指導であって、これは聖なる境地を備えたものといえる。

そこで、教えと実践のともなった指導をすることによって悟りの果が得られるので、世の指導者方は、この点特に配慮すべきことである。殊に親が子を指導する場合、ただ親子の情愛だけでなく、聖なる境地を備えてやることが効果的で、導くということは、現世一代だけのことでなく、永代にわたるものでなければならないので、信仰に徹した境地を必要とするのもこのためである。

我が子なるが故情がうつり、可愛さあまって盲愛となっては指導的立場に居る者としての資格はゼロに等しく、その子のため哀われむべきことである。親子の情は特別なもので、骨肉の情愛は理論を越えたもの、見ようによっては美しいが、時に醜いものを感ずることも多く、この美醜の境《さかい》は親であり、子であるといった感情から生ずるものにして、一歩を進めて我が子なる立場を、神の子なる立場として眺めた時、ただ親子の情だけでよしとすべきではなく、神の子としての認識が深まれば、親は子を育てること、神に仕える如くし、子を導くこと神の御教えに従う如くすべきであって、ここに己を知り、神を知ることがやはり課題になるが、これとて正しい信仰、即ち行によって達せられるのであるから、指導する者、先ず指導されることで、これによって指導精神が確立し、子を見る親の考えも変って来て、骨肉の情愛感よりも、神の子として我が子を見るようになれば、子のため、親のため、これ以上の幸せはない。幼児期の三つ四つ頃までは、親の動きに曳かれるのであるが、五、六才頃になると人の動きに眼を向けるものである。自分と人と比較し、親と他人と対照して見るようになる。そして新しい刺激に感動し、自ら己の感情を刺激し得ぬ時、感情が乱れ嗚咽《おえつ》がはじまるが、この嗚咽の中から、新しい感情と知識が湧いて新たに成長の段階へすすむものである。この段階の過程に於いて善導を要することはいうまでもないが、親や、指導者の感情による指導では善導にならない。というのは子は親や指導者の感情の現われをよく見抜くまで、成長しているからである。そこで信仰を持ち、教えを実践しながら指導に当ることが適切である。指導に当る者が信仰を持つことは指導される子に影るもので、この信仰による感化は、その子に大きな光明を与えるものであって、感化力に動揺がない限り子の前途は実に明るいものである。このように信仰に基盤を置いた指導者によって指導を受けながら、人生の進路を求め行く場合、前途が明るくなることは当然で、殊に、四、五、六才頃の純粋な白地に描かれる人生の設計図は、善であり美であって、限りなき希望であるので、この善美なる希望を恙無くのばして行くことが人生本来の道であって、この道を踏み誤るようなことがあっては、取り返しのつかない生涯を送ることになる。若しも白地に描かれた設計図に少しの狂いがあったとした場合、設計のやり直しをしたとしても汚れた白地は綺麗にはならない。そして汚染された跡形《あとかた》は一生の業《ごう》として消えないのみか、次ぎの世へと繰越されて行くのである。この眼に見えない重荷を頑是無い幼な児に荷負わしては罪である。そして、負わす方も負わされる方もその責相半《なかば》するもので、親と子が共に苦しむようでは、いよいよもって救われなくなる。このように親や指導者が間違った信仰を持った場合、幼な児は知らぬ間に感化汚染されてその業を分ち合うのであって、この証は数多く中でも障祟《さわりたたり》と称する患いなどは業の芽生えによることで、人間一生のうち、このような例は数限り無い。これは、すべて迷いから生じた報いであるが、このようなことが度重なっては、人生の行路に大きく災いすること論を要しない。五つ六つ頃の幼な児は物心両面に於いて新しい刺激に敏感なもので、指導者の言行動作は、直ちに子供の新知識として吸収され、或は善因となり、或は悪因となって、未来の果を齎《もたら》すのである。殊に、こと信仰に関する限り、子が白地であるのに反し、親や指導者が無知である場合が多く、この無知な面を白地に植え込まれては一大事である。善因必ずしも善果を生むものでないが、悪因悪果を生むことは決定的であるから子の将来に及ぼすこと大きい。幼な児に善根を施すには、親が善事を尽さなければならないし、この善事とて信仰によって行われることが最も尊いのである。

しかるに大方の親ごさんや指導者方は、真の信仰を弁えず、ただ自己の欲求を満たそうとして迷いさまよい、安心を得ようとして不安を醸す。このような環境の中に於いて、幼児期を過ごすことは一生の不幸であって、恰も鉄の酸化腐蝕するが如く、霊性の汚染不浄を自ら招くものである。しかし幼な児に真の信仰を持たすことは、実に難しいことであって、真の信仰は〝自分の心を通じて神に誓う〟ことであるから、これを強いることは無理である。神に誓えといっても漠然として要領を得ないようでは〝虚を示して実を失わしめる〟ことになるので、先ず親や指導者が正しい信仰を身をもって実践し体得することである。かくして己の体験による結果を幼な児に実践して導き、言動によって示すとせば、子は自ら感化し教化され、霊性が開かれることは疑いない。ところが多くの親は、このようにして善根を施そうとしないのである。子は、人の子であると同時に神の子であることは、今更説明を要しないことで、神の子であることが判れば、霊性開発に精進することは、当然過ぎるほど当然で、この決定的な当然事を皆が忘れて、食べること、寝ること、着ることのみ汲々とし、人間の本質を忘れ、本能と獣性に動かされて、妬み合い、啀み合い、相争い相闘いして世相を乱すのである。これでは神の子としての自覚を失いますます迷い深くさまよい苦しむ他ない。これが人間世界であり、人間世界の実相であるとせば、人間生活を辞退したくなる自殺者の心理も汲めない訳ではないが、人間世界の実相はこのような乱れた世相をいうのではなく、もっと美しい浄らかな世界をいうのであって、この世界を神秘なる秘密世界と称し実在する世界を指すのである。人間はこの美しい世界を目指して進むのであって、霊性を開発し、神性に目覚めれば実相世界も実現化するのである。四、五、六才頃に霊性が開かれ、己が進路が確立せば、これほど幸せなことはない。これ人生の行路における一番肝心なこととせねばならないのである。(未完)

あとがき

生命の誕生に母と子の関わりが深いことに驚きを覚え、衝撃を受けられた方もいるのではないでしょうか。この世に命を受け、育てられ、長じて自我が芽生え、山あり谷ありの人生で苦い経験もしますが、一人の人間として存在していることの不思議さを思います。そして、女性として生きることの意義深さを知り、改めて母親の役割の大きさに気づかされます。

子育てには、人智の及ばない神秘的な力が働いています。十代の女性、これから母親になる方も、女性としての真の姿、生き方について気づくことが多々あったのではないかと思います。

自分を大切にできる女性は、わが子も、他の人も大切にできると言います。

優しく賢い大人に、そして母親でありたいものです。

密教から学ぶ
三つ子の魂を解き明かす
人生の行路
平成三十一年四月十五日　初版第一刷発行
著者　小島大玄
発行　日本密教文化社
発売　株式会社 世論時報社
印刷　株式会社 世論時報社
製本　田中製本印刷株式会社